Möchten Sie nicht in meinen Garten kommen?

Ich würde meine Rosen
gerne mit Ihnen bekannt machen

mit Illustrationen von
Heidelore Goldammer

Liebe Rosenfreundin, lieber Rosenfreund!

„Unten vor dem Pavillon standen noch die Gartenstühle, wie wir sie am Abend verlassen hatten; an den verschlossenen Läden rieselte der Tau hinab. Ich nahm den Schlüssel aus seinem Versteck unter der Treppenstufe und sperrte die Türen auf, damit die Morgenluft hineindringen konnte. Dann ging ich zurück, rüttelte im Vorübergehen an der verschlossenen Tür des Glashauses und trat nach einer Weile durch den Gartensaal in das Wohnzimmer meiner Frau. Es rührte sich noch nichts im Hause, die Morgenruhe lag noch in allen Winkeln. Aber ein starker frischer Rosenduft schien die Nähe eines Geburtstagstisches zu verraten...".

Was Theodor Storm in „Späte Rosen" so einfühlsam beschreibt, erinnert mich an kürzlich Erlebtes. Ich entdeckte einen Ort zwischen Vogesen und Schwarzwald, ein Stückchen Paradies am breiten Fluss auf einem stattlichen Kirchberg. Was bei Storm der Gartensaal, ist dort ein lichtes Atelier inmitten eines romantischen Gartens mit einem einladenden Haus. Es ist das Refugium von Heidelore Goldammer. Ja, sagt Heidelore Goldammer, sie male immer wieder Rosen, weiß, gelb und rot, immer wieder Rosen, vor allem aber lebe sie mit ihnen. Alle ihre Rosenbilder gäbe es wohl nicht, wäre da nicht dieser mit viel Liebe gehegte Garten, der für sie wie eine Quelle ist, eine Quelle der Inspiration. Und ihre Rosenbilder gäbe es auch nicht ohne Gedichte. Denn genauso wichtig wie ihr Garten, sind ihr Bücher: Geschriebenes, Gedrucktes, Illustriertes. Fundstücke, Sammlerstücke und vielmal Gelesenes finden sich in ihrem Atelier, darunter zahlreiche Erinnerungsstücke aus ihren Freiburger Jahren als Antiquarin.

Entdeckungen und Empfindungen im Naturraum und literarische Fundstücke inspirierten Heidelore Goldammer zu diesem Rosenbuch. Zu einem Spaziergang durch die Jahreszeiten lädt sie ein: eine Aufforderung zum Innehalten, zum Lesen, zum Schauen, zum Genießen, zum Entdecken von Sinnesfreuden die, so vergänglich sie sein mögen, hier in diesen Kunstwerken feinsinnig auf Dauer festgehalten werden.

Guido Heller

Die Welt umfasset nicht das Bild der Rose,
Die Phantasie umfasset nicht die Rose.
Vom Seelengarten Botin ist die Rose,
Und Inbegriff der Schönheit ist die Rose.

Dschalaluddin Rumi

Es gibt
Augenblicke,
in denen eine
Rose
wichtiger ist
als ein Stück
Brot

RAINER MARIA RILKE

DIE ERSTE UND DIE LETZTE ROSE

Das ist es
Genau das
Was sie so besonders macht
Das Staunen
Meine Dankbarkeit
Ob des Wunders
Ganz früh
Oder ganz spät im Jahr
Dass sie blüht
Die erste
Und die letzte Rose:
Ein besonderes Geschenk
Meines Gartens

Doris Wohlfarth

MORGENLIED

Mit edlen Purpurröten
und hellem Amselschlag,
mit Rosen und mit Flöten
stolziert der junge Tag.

Der Wanderschritt des Lebens
ist noch ein leichter Tanz,
Ich gehe wie im Reigen
mit einem frischen Kranz.

Conrad Ferdinand Meyer

ENTHÜLLT

So lange war sie Knospe
ihr Gold verhüllt
wartend im Schutze
hoffenden Grüns.

Doch nun
ein plötzlicher Sonnenstrahl
ein warmer Himmelskuss
und sie ist Rose.

Ganz und gar Rose.

Maria Sassin

MORGENWIND

Komm
in meinen Garten,
wenn der Tau
noch auf den Blüten
träumt
und die Rosen
schlafen,
mit Wangen
so rund wie ein Kind
Komm in meinen Garten
und nimm den Nebel fort
und seine grauen Schwingen
du kleiner leiser
Morgenwind

Isabella Schneider

ERFROREN

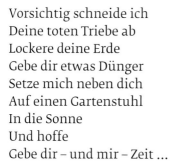

Nein
Ich weiß nicht
Was es war
Der Frost
Die Kälte
Der Wind
Dass du
Mein lieber Rosenstrauch
Erfroren bist

Vorsichtig schneide ich
Deine toten Triebe ab
Lockere deine Erde
Gebe dir etwas Dünger
Setze mich neben dich
Auf einen Gartenstuhl
In die Sonne
Und hoffe
Gebe dir – und mir – Zeit ...

Heute sehe ich
Zu meiner
Und gewiss auch deiner Freude
Den neuen kleinen grünen Trieb
Der tief aus deinen Wurzeln kommt
Du lebst
Und strebst
Zum Himmel
Mit mir...

Doris Wohlfarth

DER NAME MEINER SCHWESTER

Geduld
So ist der Name meiner Schwester
Sie wartet
Lächelnd
Neben der Gartenpforte
Stellt sich
Schützend vor meine Rose
Wenn der Wind
Zu kalt weht
Ruft mir
Worte zu
Leise und sanft
Raunt
Von den Knospen
Die bald zu Blüten werden
Langsam
Ein Wunder
Wenn die Zeit reif ist

Doris Wohlfarth

HAND IN HAND

heute
am Morgen
traf mich dein Blick
und berührte nicht nur
mein Auge
tiefer drang er
bis in die Mitte
und ließ die Rose
in mir erblühn –
ich pflückte die Rose
und schenkte sie dir
und lange
hieltest du sie
in der Hand
und
Hand in Hand
gingen wir dann
in den Tag

Eva-Maria Leiber

IM MAI

Oft hab ich hier gesessen
im Schatten der alten Mauer
blau war die Bank
und mein Garten so grün –
Kletterrosen rankten empor
und bildeten ein Dach
aus Blütenduft und Träumen –
hier hab ich oft gesessen
und manches Mal auf dich gewartet
und dann kamst du
den Gartenweg entlang
gerade auf mich zu –
die alte Mauer ist nicht mehr
und auch die blaue Bank
ich weiß nicht
was aus ihr geworden ist –
Erinnerungen aber blühen neu
in jedem Mai
und Rosen wachsen
uns entgegen
noch so manchen Sommer

Eva-Maria Leiber

Die Rosen
liegen auf
dem Gras
wie kleine
Fetzen
purpurroter
Seide ...

OSCAR WILDE

JUNI

Die Rosen blühn
verschwenderisch wie nie
in diesem Jahr
und platzen vor Glück
in den heiteren Himmel –
der Vögel Lied
ist betörend voll
und in den späten Abendstunden
huschen Fledermäuse
durch den Junigarten
und Glühwürmchen
verschwenden ihr Licht –
und ich
ich sitze und schaue
und staune
und tanze vor Glück

Eva-Maria Leiber

DIE NACHTIGALL

Das macht, es hat
die Nachtigall
Die ganze Nacht gesungen;
Da sind von ihrem
süßen Schall,
Da sind in Hall und Widerhall
Die Rosen aufgesprungen

Theodor Storm

ROSE

Die Knospe
Sonnenlicht
die über dem Dunkel,
den Dornen tanzt
und die Sprache
des Sommers spricht
Ich schließe die Augen,
atme ihr Flüstern
staune
und schweige
und versteh sie
doch nicht.

Isabella Schneider

HELLE TAGE

Der Juni kommt durch Rittersporn
und Hollerbüsche
geradewegs, nicht hintenrum,
grüßt flüchtig mit der schönsten aller Rosen,
die spannt besternte Blütenbögen
um dich und mich und rundherum.
Kein Blatt zu viel nimmt sie
vor ihren Blütenmund, den kleinen,
ein leichter Hauch von Duft
und Farbe hüllt sie ein,
in ihrer Schlichtheit trotzdem eine Große
zieht heckenrosig nun der Sommer ein.

Angelika Wolff

UND DOCH

Und doch
Ist es
Was es ist
Allem
Und allen
Zum Trotz
Tief in mir
Fest verwurzelt
Mit Zweigen
Bis zum Himmel
Zeitlos
Alles überdauernd
Leben spendend
Kraft schenkend:
Tiefe Wunde
Liebe

Doris Wohlfarth

Übersetz mir den Rosenduft in etwas,
was uns noch mehr gehört ... :
dass in der Luft zwischen uns ein ihm Gleiches wär,
Selig wie er!

Rainer Maria Rilke

Die liebe
ist eine wilde rose in uns
Sie schlägt ihre wurzeln
in den augen,
wenn sie dem blick des geliebten begegnen
Sie schlägt ihre wurzeln
in den wangen,
wenn sie den hauch des geliebten spüren
Sie schläft ihre wurzeln
in der haut des armes,
wenn ihn die hand des geliebten berührt
Sie schlägt ihre wurzeln,
wächst wuchert
und eines abends
oder eines morgens
fühlen wir nur:
sie verlangt
raum in uns

Die liebe
ist eine wilde rose in uns,
unerforschbar vom verstand
und ihm nicht untertan
Aber der verstand
ist ein messer in uns

Der verstand
ist ein messer in uns,
zu schneiden der rose
durch hundert zweige
einen himmel

Reiner Kunze

WO WIR ZUHAUS DAS SALZ HABEN

Lange war ich nicht zuhaus.
Die mutter,
mit schuldbewußten augen,
begrüßte an der tür den seltenen besuch.
Der vater schloß das buch,
das schmal war wie die zeit,
die übrigblieb vom tag.

Sie setzten mich hinter den alten tisch,
schenkten himbeerwein ein.
Die linden sahen herein.
Am offenen fenster verneigte ich mich,
erstaunt, betrunken zu sein.

Knospe, knöspchen, sag,
ist das denn möglich,
von einem fingerhut voll wein
und noch dazu aus himbeeren?

Dummkopf,
fingergroß von der erde,
so klein bist du daheim,

duftete direkt ins ohr die rose.

Mit einemmal entsann ich mich,
wo wir zuhaus das salz haben.

Jan Skácel

FRÜHER MORGEN

Nun blüht es
über der Dornenzeit
ein Rosenblatt
auf meinem Traum
wie leicht heute der Tag
ich möchte tanzen.

Helle Trede

SOMMERSEKUNDE

Des Jahres Mittag
ist eine leise Zeit
und die Johannisnacht
geht behutsam durchs Korn:
Frucht,
reife langsam.

Aller Duft
geht auf Zehen,
die Rose weiß es.

Unter dem Zelt der Mondnacht
haust vielzuviel Schlaf.

Binde ein Märchen ans Herz
und träum es.

Kurt Heynicke

ROSENKNOSPE

Rose, schau nicht so verschlossen
Mit so spitzem Knospenmund
Hab dich gestern erst gegossen
Hast zum Schmollen keinen Grund

Lass dein Rosa richtig knallen
Zeig von deinem Blütenmeer
Lass die Blätter ja nicht fallen
Sei ganz Rose, bitte sehr!

Will von deinem Duft erbeben
Und vor Andacht stille sein
Will mit deinem Zauber leben
Ach, ich kriech in dich hinein.

Hermine Geißler

ROSE AM MONTAG

Ich wünsche dir eine Rose
für deine Butterbrotdose!
Ich wünsche dir ihren Duft
in der allerdicksten Luft,
viele von ihren farbigen Blättern,
wenn in dir die Sorgen rumklettern.
Und eine von ihren Spitzen,
wenn andere auf deinen Nerven sitzen.

Reinhard Ellsel

Mit gelben
Birnen
hänget
und
voll mit
wilden Rosen
das Land
in den See

FRIEDRICH HÖLDERLIN

DER ROSENBUSCH

Es haben meine wilden Rosen
– erschauernd vor dem Hauch der Nacht –
die windeleichten, lichten, losen
Blüten behutsam zugemacht.

Doch sind sie so voll Licht gesogen,
dass es wie Schleier sie umweht
und dass die Nacht in scheuem Bogen
am Rosenbusch vorübergeht.

Hermann Claudius

VERSCHWEBENDER DUFT

Wer hat dieser letzten Rose
Ihren letzten Duft verliehn?
Tritt hinaus ins Sonnenlose,
Atme ihn und spüre ihn,

Wie er rot im Offenbaren
Und verschwebender wie Wein
Wesen kündet, die nie waren
und die hier nie werden sein.

Georg von der Vring

ERINNERUNGSFOTO

Der Rosenstrauß
aus dem Garten der Freunde –
behütet gepflegt
und trotzdem verwelkt
am Ende seiner Zeit …

Auf Papier gespiegelt
Farbe und Form
der Schimmer der Nacht
auf dem samtenen Rot
gespeicherte Schönheit
stumm zu bewahren
für kommende Zeit

Aber den Duft den unsichtbar verströmten
den Atem der Freundschaft
nur einzusaugen
mit den Kiemen des Herzens
bewahrt die Erinnerung
Fremden verborgen
in den Kammern der Liebe

Wilma Klevinghaus

NUN LASS DEN SOMMER GEHEN

Nun lass den Sommer gehen,
lass Sturm und Winde wehen;
Bleibt diese Rose mein,
wie könnt´ ich traurig sein?

Joseph v. Eichendorff

SPÄTE ROSE

Grün
raunt es
ums Dickicht
der Jahre:
Worte und
Widerworte
Dornen,
manches Vergessene auch,
und dann
hin und wieder
blühend –
manch eine
späte Rose
am Strauch.

Isabella Schneider

HERBSTMÜDE

Die Rose verwittert
schön-schön gestern
spiegelte strahlend
Sommers Fülle

Herbst neigt sich
eiskalter Hauch
sie friert so sehr
so sehr
die Rose

faltet die Blätter
rollt fest sich ein
die Blüte wird blasser
verschließt
den Kelch des Lebens

ein später Sonnenstrahl
entflammt
ein letztes Leuchten
dann
wintermüde
sinkt sie zur Erde

gut war es
reich

und es reicht.

Maria Sassin

NOVEMBERROSE

Sage mir blasse rose dort
Was stehst du noch an so trübem ort?
Schon senkt sich der herbst am zeitenhebel
Schon zieht an den bergen novembernebel.
Was bleibst du allein noch blasse rose?
Die letzte deiner gefährten und schwestern
Fiel tot und zerblättert zur erde gestern
Und liegt begraben im mutterschoße ...

Stefan George

...heimlich
erzählen
die
Rosen
sich duftende
Märchen
ins Ohr...

HEINRICH HEINE

WAS DIE ROSE IM WINTER TUT

Was tut wohl die Rose zur Winterszeit?
Sie träumt einen hellroten Traum.
Wenn der Schnee sie deckt um die Adventszeit,
Träumt sie vom Holunderbaum.
Wenn Silberfrost in den Zweigen klirrt,
Träumt sie vom Bienengesumm,
Vom blauen Falter, und wie er flirrt ...
Ein Traum, und der Winter ist um!

Und was tut die Rose zur Osterzeit?
Sie räkelt sich, bis zum April.
Am Morgen, da weckt sie die Sonne im Blau,
Und am Abend besucht sie der Frühlingstau,
Und ein Engel behütet sie still.
-Der weiß ganz genau, was Gott will!
Und dann über Nacht, wie ein Wölkchen, ein Hauch,
Erblüht sie zu Pfingsten am Rosenstrauch.

Mascha Kaléko

TRAUM

die letzten Dünenrosen
ducken sich im Wind
manch Reiter wagt
verspätet einen Ritt
am Wassersaum
die Vögel – ach
sind fortgezogen
der Schrei der Kraniche
hat tief sich
in mein Herz geflutet
jetzt wird der Winter kommen
und ich
ich träume vom Purpur
der letzten Rose

Eva-Maria Leiber

ERINNERUNG

keine bleibende Hütte
haben wir hier
nicht Garten noch Baum
vielleicht ein Kind
das sich unser erinnert
noch eine Zeit
vielleicht ein Wort
das bleibt
vielleicht
sicher nur
die Rose
die verschenkte

Eva-Maria Leiber

ES IST EIN ROS ENTSPRUNGEN

Es ist ein Ros entsprungen
aus einer Wurzel zart,
wie uns die Alten sungen,
von Jesse kam die Art.

Und hat ein Blümlein bracht,
mitten im kalten Winter
Wohl zu der halben Nacht.

anonym, um 1587/88

In dieser nacht
verließen die sterne ihre angestammten plätze
und zündeten lärmfeuer an
überschallschnell

In dieser nacht verließen die hirten
ihre arbeitsstellen
und schrien sich in die verkrusteten ohren
die neuen parolen

In dieser nacht
verließen die füchse die wärmenden höhlen
und der löwe wiegte den kopf
>das ist das ende
die revolution<

In dieser nacht
liefen die rosen der erde davon
und fingen das blühen an
im schnee

Dorothee Sölle

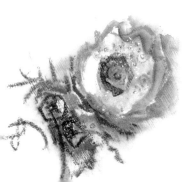

JANUAR

Januar
das neue Jahr

In mein Herz
fällt Schnee

Auf deinen Wangen
blühen Rosen

Das Schaukelpferd unsrer Kindheit
ist ein Schlitten
auf dem Eisweg
nach Sibirien
wo Schneemänner wachsen
aus dem Wintergeist

Mit dem Wintergeist
zurück
ins neue Jahr

Rose Ausländer

HOFFNUNG

Du glaubst,
die letzte Hoffnung
ist zerronnen,
die letzte Träne
ausgeweint
und ahnst noch nicht,
dass dir
in deiner Mitte,
ganz im Verborgenen
eine neue
Rose keimt.

Christa Spilling-Nöker

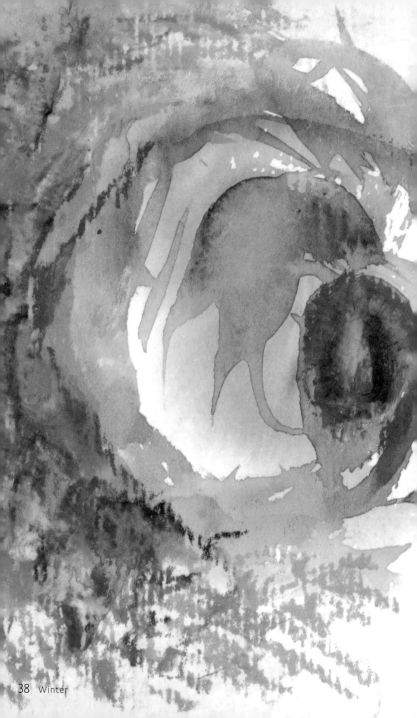

Und morgen pflanze ich eine Rose
wunderschön wird sie erblühen
jenseits der Zeiten in fruchtbarer Erde
tief und tiefer schiebt sie Wurzeln
dornengeschützt ihre zarten Triebe
gelbe Knospen leuchten zum Himmel
wo makellos die Sommersonne strahlt
aus Wolkenschiffen sanfter Regen fällt
und Regenbogen Hoffnung kündet.

Ja, morgen pflanze ich eine Rose
schenke sie dir und mir und allen
die sie übermorgen lieben werden
wenn unsere Seelen schon Rose sind.

Maria Sassin

Mit Texten von:
Rose Ausländer (1901-1988): S. 36 aus: dies., Ich höre das Herz des Oleanders. Gedichte 1977-1979 © S.Fischer Verlag GmbH, Frankfurt am Main 1984. **Hermann Claudius** (1878-1980): S. 24 aus: ders., Jubiläumsausgabe in zwei Bänden © Rudolf Schneider Verlag, München 1978. **Joseph von Eichendorff** (1788-1857): S. 26. **Reinhard Ellsel**: S. 21 © beim Autor. **Hermine Geißler**: S. 20 © bei der Autorin. **Stefan George** (1868-1933): S. 29. **Heinrich Heine** (1797-1856): S. 30. **Kurt Heynicke**: S. 19 aus: ders., Jeder Tag. Das lyrische Gesamtwerk © Scheffler-Verlag, Herdecke 2000. **Friedrich Hölderlin** (1770-1843): S.23. **Mascha Kaléko** (1907-1975): S. 32 aus: Die paar leuchtenden Jahre © Deutscher Taschenbuch Verlag, München 2003. **Wilma Klevinghaus**: S. 25 © bei der Autorin. **Reiner Kunze**: S.17 aus: ders., gespräch mit der amsel © S. Fischer Verlag GmbH, Frankfurt am Main 1984 **Eva-Maria Leiber**: S. 10, 11, 14, 33, 34 © bei der Autorin. **Conrad Ferdinand Meyer** (1825-1898): S. 6. **Rainer Maria Rilke** (1875-1926): S. 5, 16. **Dschalaluddin Rumi** (1207-1273): S. 3. **Maria Sassin**: S. 7, 28, 39 © bei der Autorin. **Isabella Schneider**: S. 7, 15, 26 © bei der Autorin. **Jan Skácel**: S. 18 aus: ders., Fährgeld für Charon, deutsche Übersetzung: **Reiner Kunze** © Merlin Verlag, Gifkendorf 1967 . **Dorothee Sölle**: S. 35 aus: dies., Meditationen & Gebrauchstexte, Gedichte © Wolfgang Fietkau Verlag, Kleinmachnow 1970. **Christa Spilling-Nöker**: S. 37 © Verlag am Eschbach, Eschbach. **Theodor Storm** (1817-1888): S. 14. **Helle Trede**: S. 19 © bei der Autorin. **Georg von der Vring**: S. 24, aus: ders., Die Gedichte © Verlag C.H.Beck ohG, München. **Oscar Wilde** (1854-1900): S. 12. **Doris Wohlfarth**: S. 6, 8, 9,16 © bei der Autorin. **Angelika Wolff**: S. 15 © bei der Autorin.

Zur Künstlerin:
Von welcher Seite man sich auch nähert: Schon von weitem sieht man das prächtige Münster auf dem hohen Berg. Zu seinen Füßen befindet sich ein verwunschener Garten. Daneben ein mittelalterliches Haus, darin ein lichterfülltes Atelier. Hier lebt und arbeitet die freischaffende Künstlerin Heidelore Goldammer. Hier malt und verwirklicht sie ihre vielen Ideen. Ihr Material: Worte. Ihr Medium: Farben. Daraus entstehen die allerschönsten Kleinode, Kalligrafien und Bücher. Wer mehr wissen möchte, sollte ihre Webseite besuchen (www.galerie-goldammer.de) oder ins Atelier kommen. Ein Besuch, der sich immer lohnt.

Bibliographische Information der Deutschen Nationalbibliothek:
Die Deutsche Nationalbibliothek verzeichnet diese Publikation in der Deutschen Nationalbibliographie; detaillierte Daten sind im Internet über http://dnb.d-nb.de abrufbar.

ISBN 978-3-86917-202-6
© 2013 Verlag am Eschbach der Schwabenverlag AG
Im Alten Rathaus/Hauptstraße 37
D-79427 Eschbach/Markgräflerland
Alle Rechte vorbehalten.

www.verlag-am-eschbach.de

Gestaltung: Satz und Repro: Finken & Bumiller, Stuttgart.
Schriftvorlagen: Petra Hauser, Münstertal
Herstellung: Druckwerke Reichenbach, Reichenbach/Vgtld.

Dieser Baum steht für klimaneutrale Produktion, umweltschonende Ressourcenverwendung, individuelle Handarbeit und sorgfältige Herstellung.

Manufakt